ICH SCHENK' DIR EINE INSEL

Knud Eike Buchmann

ICH SCHENK' DIR EINE INSEL

Mit Fotografien von Anselm Spring

FRANCKH – KOSMOS

Die Bildfolge dieses Buches
zeigt die Inselwelt der Südsee –
Hawaii-, Fidschi- und Cook-Inseln

Die Deutsche Bibliothek – CIP-Einheitsaufnahme

Ich schenk' dir eine Insel / Knud Eike Buchmann. Mit Fotogr.
von Anselm Spring. – Stuttgart: Franckh-Kosmos, 1996
ISBN 3-440-07140-5
NE: Buchmann, Knud Eike; Spring, Anselm

ISBN 3-440-07140-5
Printed in Italy/Imprimé en Italie
Konzeption und Produktion: Ulrich Ruf, Freiburg
Cheflektorat: Jutta Hamberger
Einbandgestaltung und Reproduktionen:
Hansjörg Koppenhöfer, Hüfingen-Mundelfingen
Druck und Bindung: Printer Trento S.p.l., Trento

Insel-Erleben

„Insel" verknüpfen wir gedanklich mit „anders sein"... Vielleicht mit aussteigen, abschalten, zur Besinnung kommen, mit Natur und Ruhe...

Das sind zweifellos neuere Vorstellungen in unserer Menschheitsgeschichte. Früher kehrten die Lieblinge der Götter nach ihrem Tod auf die „Inseln der Seligen" zurück.

Wegen fehlender oder schwieriger Verkehrswege waren Inseln eigentlich immer auch weit weg, schlecht zu erreichen. Insulaner waren Ungebildete, sie nahmen nicht am „wirklichen" Leben teil... Sie waren Eingeschlossene, wie man ja auch lange Verbannte auf die Gefängnisinseln schickte. Wer hier leben mußte, war bestraft. Man schickte seine „Sündenböcke" ins wasserumspülte Abseits, oft Folterknechten ausgeliefert...

Heute hat die Überbevölkerung längst die Uferzonen der schönen Inseln zerstört – und nur wenigen Menschen scheint es vergönnt, die „Inseln auf der Insel" für sich wirklich zu entdecken. Geschäftemacher und Zivilisations-Nivellisten zerstören dort Kultur, wo eine oft in Jahrhunderten gewachsene, rituelle

Lebensart entstanden ist. Reanimationsversuche dienen dem Geschäft; der „edle Wilde" wird vorgeführt, läßt sich tanzend filmen und prostituiert sich für ein Gemeinschaftsfoto.

Massentourismus soll ein Überleben rechtfertigen, und Dienstleistungsbeschäftigungen gelten als volkswirtschaftlich erfreuliche Neuerung, um der Armut zu entkommen, die „wir in den reichen Ländern" erst über diese einst zufriedenen Inselbewohner brachten.

Wenn wir den Fast-Food-Hochhaus-Hotel-Gürtel verlassen, mit dem „Leute-Bus" ins Inland fahren, mit dem Rucksack die alten Pfade steigen, mit dem Boot die stillen Flüsse befahren, mit den Einwohnern fernab zu sprechen versuchen, merken wir, daß ein ganz anderer Geist über uns kommt.

Unversehens gehen die Uhren anders; die Sonne und der Mond geben das Maß der Zeit an. Dort, wo wir keine Zivilisationsgeräusche mehr hören, erleben wir die heilsame Stille; Stille, zu der wir werden, wie alles wieder der Stille anheimfallen wird...

Wo es menschenleer wird, ist die Natur angefüllt mit ihrer wundersamen Sprache. Wer hier nicht hört, lebt nicht wirklich. Wer hier nicht schweigt, kann nicht hören. Wer sich hier nicht begegnet, wird sich nirgendwo aushalten. Und dann entsteht dieses „Insel-Gefühl". Jetzt bin ich da. Ich bin angekommen. Hier will ich sein.

Nach einem – körperlich – mühevollen Tag erlebt man diese Insel-Stimmigkeit aus Wollen, Können, Hoffen und Sein. In der Köstlichkeit eines kühlen, sauberen Schlucks Wasser liegt das ganze Leben eines bedürftigen Menschen. Schon werden Pfade einfach nur in ihrem Dasein zu wohlvertrauten Freunden.

Und schon freut man sich auf den nächsten Tag nach einem guten Schlaf. Wie eine edle Querflöte sein – das Insel-Leben bläst den Atem, und das Fingerspiel des Tagesschicksals entlockt dem Ganzen eine herrliche Melodie nach der anderen...

Es gibt Menschen, die – an allem interessiert – überall dabeisein wollen. „Insel-hopping" garantiert, daß so vieles gesehen, meist aber nur wenig erlebt wird. Der moderne Mensch mit seinen intelligenten Reiseführern steht im vielfältigen Geflecht seines ihm nicht mehr durchschaubaren Netzes, mitten in seiner Einsamkeit. Weil er „alles mitnehmen" will, überlädt er sich – und weil er wenig oder gar nichts von dem wirklichen Inselerlebnis spürt, rast er weiter. In der geführten Gruppe ist und bleibt ihm der Nächste so oberflächlich fern wie (s)ein Prospekt der wirklichen Landschaft ... weiter, weiter. Aber ohne Ruhe, ohne Beschränkung gibt es keine Erfüllung. Die Sehnsucht bleibt – und wird kommerziell perfid ausgeschlachtet.

Wenn die folgenden Gedanken Insel-Erleben reflektieren, dann dies durchaus auch in einem liebevoll kritischen Verständnis.

Natürlichkeit auf einer Insel ist auch der Sturmregen durch die Bäume. Natürlich gibt es Überschwemmungen und Brände; es grassieren Krankheiten und Familienfehden... Aber immer bleibt gerade die tropische Insel uns Festländern die schöne Möglichkeit des Seins. Der Regen erzählt wie ein alter Freund uralte Geheimnisse. Sind denn nicht doch auch manchmal erfundene, erhoffte Wirklichkeiten wirklicher als die wirklichen Wirklichkeiten? Sind nicht schöne Bilder auch Träume? Ja, Sehnsüchte und unerfüllte Pläne sollen sich an dieses Werk knüpfen...

Die Insel als Symbol für das Leben inmitten der stets möglichen und vorhandenen Bedrohung. Sie ist konzentrierte Sammlung in ihrer immer begrenzten Weitläufigkeit; und sie wird damit zum Inbegriff der Überschaubarkeit, der Ab-Grenzung, vielleicht auch von urmenschlicher Heimat.

Die Insel, jede Insel stellt die Möglichkeit des Sich-Findens, des Aussteigens, des Loslassens dar. Sie wird zum Spiegelbild des Lebens in seiner Viel- und Einfalt zugleich. Als „Gipfel im Meer" ist sie in unseren Sinnen Imagination für räumliche Nähe und Wärme, für zeitliche Dauer und ständigen Wechsel...
Inseln beflügeln unsere Seele.

Jede Insel ist fern; weit weg von dem, was wir gerade jetzt und hier erleben oder erleiden.

Eine Insel, jede Insel zieht – zumindest vorübergehend – unsere Sinne, unser Sehnen auf sich...

Dem Alltag, dem All-Täglichen entfliehen, die Vorstellungen wollen und die Immagination zu pflegen, dort sei alles schön und anders ...

Hat es auch immer etwas mit Weg-laufen zu tun, so bedeutet diese Inselsehnsucht doch auch immer ein Stück Selbstbegegnung. Da ist etwas in meiner Person, da sind Schattierungen und Formengebilde, die sich noch nicht wirklich artikuliert haben. – Man könnte es den „Schatten" nennen. Er ist jener Teil von uns, den wir nicht leben können, dürfen oder wollen ... und trotzdem besteht diese „andere Seite von uns" als gedachte Realität in unserem Leben.

Wenn wir auf die Insel fahren, wollen wir einen Teil dieses Anders-Seins entdecken. Wir begegnen uns in der Ferne, werden uns unserer Sehnsüchte bewußt und möchten sie nun endlich nicht mehr länger leugnen müssen.

Alles, was wir auf dem „Fest"-land besitzen, können und wollen wir hier loslassen – die Insel wird zur Geliebten; jede Form der Verführung ist uns recht.

Natur und Inselstille, Farben und der Meereshimmel und nur das Rauschen von Wind und Wellen ... hier leben Menschen.

Auf einer Insel gehen die Uhren anders; die Sonne ist das Maß des Tages, der Mond beschreibt die Nacht. Mehr gibt es nicht. Fern von Terminen entfaltet sich der Tag unterm ewig gleichen, immer wechselnden Horizont.

Alles anders als zuhause. Freieres Atmen, langsameres Gehen, gründlicheres Denken, intensiveres Lesen und Schreiben.

Endlich, endlich loslassen; das tun, was man schon so lange vorhatte; das aufgeben, was dort den Tag, die Stunden und Minuten so zerstückelt.

Sehnsucht nach Frieden. Inseln (im allgemeinen) in ihrem Eingebettetsein ins Meer von der steten Unruhe umflossen, selber ruhig, in sich ruhend, sind beruhigend.

Als Festland-Menschen wollen wir uns lösen von den Fesseln der Pflicht, von den Regeln der Routine, von den Mühen des Alltäglichen.

Hinüber zum „Schatten", zum heimlich Begehrten; zu dem, was man sich sonst verbietet, was man vielleicht sogar verachtet und leugnet.

Die Insel weicht Grenzen auf; Wunsch und Wirklichkeit verschwimmen ineinander, lösen sich gegeneinander auf...

Sehnsucht ist das Aufbrechen von alt gewordenen Verkrustungen. Im Sehnen sind wir ganz jung, ganz verletzlich, zugleich ganz heil und immer ein wenig wehmütig-glücklich.

Wie ein Überbleibsel von gestern löst sich die hektische oder schlechte Stimmung heute im frühen Inselmorgenlicht auf.

Was wir wissen und kennen, verliert seinen Reiz. Jede Insel verspricht Entdeckungen. Das Geheimnisvolle, irgendwo als Schatz unter'm Wasserfall verborgen, will entdeckt, gefunden, benannt werden...

Aber: Wir müssen die alten Karten finden und entziffern können, müssen oft weit in die Vergangenheit der Bewohner hinabsteigen, um einen Zugang zum Inneren, zum Wesentlichen möglich zu machen. Wenn wir den Weg verlieren, lernen wir den Wald erst wirklich kennen.

Wir alle sind Schatzsucher. Und nur sehr mühsam mögen wir erkennen, daß bei all unserer Suche nach den Kostbarkeiten dieser Welt, die einzig wirklich wertvolle Perle in uns selber liegt.

Die Einzigartigkeit entdecken wir oft erst in der Fremde; dort wo wir ganz auf uns selbst angewiesen sind, wo wir die Chancen nutzen, uns auf uns selber zu besinnen.

Wie eine Perle in der Muschel wird uns die Insel im Leben zur wohlgerundeten, strahlenden Schönheit. Wir suchen die Perlen – und wir finden sie letzlich nur in uns selbst.

Tage auf der Insel, verschiedene Inseln, Insel-Erlebnisse... Aus den Perlen wächst uns eine Kette, die das Leben lebenswert macht. Immer wieder suchen wir.

Eine „heilige Unsicherheit" über uns selber hält uns in dieser lebendigen Spannung, noch nicht fertig zu sein...

Nirgendwo so deutlich wie auf einer Insel spüren wir den ewigen Zwang zur Wiederholung. Verwandlung des Ufersaums in den immer wieder anrennenden Wellen ist wie das Leben des Lebens; bewegte, schöpfende Natur gegen alles Erstarren, gegen die Bewegungslosigkeit, den Tod…

Wie weißgemähnte, junge Pferde des Poseidon springen gischtende Wellen am Fels empor, zerschlagen sich im Gegenlicht zu Regentropfenperlen, um zurückzufallen ins Meer…

Thema und Variationen. Wir gewinnen unsere Identität, unsere Persönlichkeit auch aus dem Beharren, dem Festen, dem Nicht-Vergessen… Wie jener Fels im Brandungsgeschehen schon viele tausend Jahre steht. Aber alle Lebendigkeit ist in der Welle: Zurückweichen und immer wieder das Über-sich-selbst-Hinwegkommen. In der ewigen Wandlung spüren wir des Lebens tiefstes Geheimnis: Komplementarität. Aus den gegensätzlichen Wahrheiten entsteht jene bewegte Lebensspannung, die nach Versöhnung drängt, die Harmonie will und nach Ausgleich trachtet. Was wir vermeintlich voneinander trennen, unterscheiden wir in Wirklichkeit nur: Helligkeit und Dunkelheit, Land und Wasser, Frau und Mann… Nichts können wir wirklich scharf vom „Gegenteil" trennen; denn immer definiert sich das eine durch das andere; mal ist das Eine im Anderen, schon ist das Andere in Einem zu erkennen. Anfang und Ende berühren einander…

Immer wieder ist das Scheitern möglich, und immer wieder ist das Hoffen da. Zwang und Freiheit. Beharrlichkeit und Wandlung… Und in allem nur ein Mehr-oder-Weniger, kein Entweder-Oder.

In der Überwindung der Absolutheit gewinnen wir die Freiheit zur Notwendigkeit. Die Welle umspült den Fels… Immer wieder, immer noch…

Es mögen große oder kleine Inseln sein, die wir aufsuchen; gemeinsam ist ihnen, daß wir durch ihre Begrenzung in unserem Leben uns eher selbst begegnen. Wer nicht nur Ablenkung sucht, findet sich selber.

Auf der Insel finden die „Geräusche des Alltags" zu ihrer Melodie – niemand bezweifelt das Klingen der Töne, das Sich-Verweben zu einer Struktur, zu einem hörbaren Muster.

Wir wählen aus, was uns wichtig ist – und konzentrieren uns in unseren Insel-Tagen (und -Nächten) auf das uns jetzt gerade Wichtige.

Eine Insel ist uns wie ein mühsam erstiegener Gipfel; angekommen, ist „das Andere" weiter weg, da unten „oder dahinten"...und es war...

Jetzt ist ganz Glück, ganz Jetzt. Ein Ziel ist erreicht – wir können innehalten, alles ist auf einen Punkt gebracht. Und wenn es uns gelingt, voller Andacht diese Insel-Zeit als Geschenk zu erleben, werden wir beschenkt.

Stille zieht ein. Worte sind nicht mehr nötig. Die Insel, das Leben ... spricht in seinem Sein ... So ist es. Was gäbe es da schon noch zu sagen?

Auf einer Insel spricht der Weise nicht, weil die Natur alles gesagt hat. Auf einer Insel werden wir leer und einfältig – wie ein Kind.

Auf den Inseln sind wir vom Wasser gefangen – um uns herum ist nur Insel und darüber hinaus nur der Himmel. Wie ein Glücklicher in seinem Glück, ein Weiser in seiner Weisheit, ein Gesunder in seiner Gesundheit schwimmt, schwimmen wir Insel-Menschen in uns selber, ohne daß wir krampfhaft „nur anders" sein wollen.

Wenn wir an etwas Großem teilhaben, stehen uns wohl immer zwei Möglichkeiten offen: ergriffene, still-begeisterte Identifikation oder intellektuell-kritische Distanzierung. Vielleicht mal so, mal so? Denn wer Nähe verweigert, wird vieles nicht erfahren, weil es im Verborgenen bleibt. Wer sich dagegen vereinnahmen und umarmen läßt, wird seine Freiheit verlieren. Aber ich wünschte mir einen Schwebezustand als Balance zwischen Nähe und Distanz...

Das Insel-Erleben ist etwas Großes.

Wer immer wieder auf Inseln ist, wird oft gefragt: „Warum ...?“ – „Warum *diese* Insel?“ – Und manchmal wollen wir einfach nur „nett“ sein und versuchen eine Erklärung. Wer die Sehnsucht nach der Insel kennt, dem muß man sie nicht erklären; wer sie nicht kennt, dem kann man sie kaum erklären...

Auch unser kleiner Verstand weiß recht gut, daß wir längst nicht immer nur nach vernünftigen Zwecken handeln. Unser „Bauch“ sagt uns: „Tu's“ – und wir fahren auf die Insel.

Wenn wir auf die großen Erlebnisse in unserem Leben schauen, werden wir ehrlicherweise im nachhinein bekennen müssen, daß wir im Moment des Handelns keine „Absicht“ hatten... Wir taten es, weil es getan werden mußte oder weil es uns Spaß machte. Wir fahren auf die Insel, weil wir uns dort wohl fühlen. Genügt es nicht? Inseln sind „Aus“-Zeiten im Meer des Getriebenseins; wir organisieren uns neu, wir besinnen uns, wir genießen.

Was ist der Zweck, seine Mutter zu ehren, den Freund zu mögen, seine Kinder zu lieben ...? Warum gibt es diese Harmonie von Form und Farbe einer Blüte? Es gibt sie, so einfach ist das!

Wir sind auf der Insel, weil wir auf der Insel sind! Wir benutzen unsere Sinne, sehen das Detail, und trotzdem ist alles ganz anders als sonst ... oder doch nicht? Begegnen wir auf der Insel nicht doch immer nur dem, was längst in uns ist?

Kein Vogel mehr. Kein Wind. Auch kein Wort, kein Lied.

Erinnern nur und Sehnsucht.

Sonnenuntergänge hinter Palmen sind voller Wehmut und geheimer Stille.

Abschiedstraurigkeit befällt uns, wenn es dunkel wird. Sterbend wälzt sich eine kleine Welle gegen den leeren Strand.

Nun wird die Zeit des Hoffens.

Draußen war die ruhige, langsame Woge in ihrer Entstehung zu beobachten. Nun wächst sie im flachen Wasser als stürmende Welle zur gewaltigen Kraft heran, um sich in Windeseile zu zerschlagen.

Wie Wogen rennen auch Menschen immer wieder gegen den Fels ihrer geschichtlichen Wirklichkeit an – und vergehen. Wer das Leben als die Kunst des Wellenreitens versteht und die Regeln des Fallens und des Wiederaufstehens annimmt, darf rauschartige Zustände des Getragenseins genießen. Wer nur Stabilität will, versteinert oder fällt. Vielleicht sind wir Menschen wirklich zu klug für unseren Seelenfrieden – und dann doch wieder nicht klug genug, um zuversichtlich das Zukünftige einfach zu erwarten und auf die nächste Woge aufzuspringen.

Wir denken zuviel und hoffen zu wenig. Ist nicht Hoffnung, der intensive Glaube daran, daß etwas wahr sei, Zeugung eben dieser Wahrheit?

Das unschuldige Leben der Insel-Kinder fasziniert den Besucher besonders. Wer hier geboren und noch nicht von der Krankheit des Zugvogels befallen ist, läßt sein tägliches Leben glücklich vergehen – Kindheit... Aber dann lauschen wir – älter werdend – dem großen Lied der fernen Sehnsucht aus dem wunderschönen Schneckenhaus und hören den verführerischen Gesang der Weite...

Wir ziehen hinaus in die ferne Unruhe der Geschäftigkeit und vergessen im großstädtischen Lärm die stillen Tonfolgen der freien Natur. Wenn wir „draußen" das mühsame Spiel der Eitelkeiten endlich durchschaut und begriffen haben, können wir das Um-sich-selbst-Drehen wieder aufgeben und aus dem engen Kreis des eigenen Ich hinaustreten, um zurückzukehren, um uns wieder solchen Kindern zuzuwenden. Gedankenverloren spielen sie das Spiel in ihrem Paradies. Hier ist der Anfang der Welt; hier ist alles heil.

Wenn wir nun – angekommen – unser Leben gelernt haben, baden wir uns im Rauschen der Palmen und sonnen uns unterm Gezwitscher der frühen Morgenvögel. Nichts treibt uns mehr; wir verströmen uns in die Natur, können ganz Teil von ihr sein.

Dringen wir tief in das Innere einer Insel ein, ist es, als wollten wir den Kern einer Persönlichkeit begreifen. Wir stehen „außen" und geben uns wahrscheinlich der gefährlichen Sehnsucht nach Ordnung hin.

In der Natur ist alles „natürlich" – aber „ordentlich"? Wir Menschen schaffen vorübergehend Ordnungen und laufen letztlich doch nur immer wieder gegen die Zeit an. Im wilden Wachsen einer tropischen Insel kommt die natürliche „Unordnung" über alles – und hier sind ungeordnete Zustände wahrscheinlicher als geordnete. Natur gelingt von selbst.

Dort, wo eine Persönlichkeit von früh an wachsen darf, ohne gegängelt zu werden, gewinnt auch keine Angst vor Unübersichtlichkeit Macht über das Befinden.

Wo wir engste Struktur und menschengemachte Form verlassen können, entsteht eine neue Harmonie des Augenblicks; es verlieren sich Zeit und Raum, und es entsteht ein tiefes Gefühl von Sicherheit und Heimat. In der üppigen Natur erleben wir eine fein aufeinander abgestimmte Symphonie aus Farben und Figuren, aus Licht und Schatten, aus Klang und Duft... Wer wollte das in Ordnungen fassen oder gar zerstören?

Greift der Mensch nicht ein, wird er seine Paradiese erhalten.

An einem fremden fernen Strand unter der Sternenkuppel oder dem Wolkenhimmel einzuschlafen, läßt den Schlaf seltsam leicht sein. Eine diffuse Aufmerksamkeit und eine ständig gedämpfte Wachsamkeit läßt die Tiefe des erholsamen Schlummers nur vorübergehend entstehen.

Der frühe Mensch hat seine Schlafhöhle kultiviert; hier gab es nur eine Richtung der arterhaltenden Aufmerksamkeit: Die Öffnung war leicht zu kontrollieren und zu schließen. Nur von hier konnte das Fremde, das Bedrohliche eindringen. In seiner Schlafentwicklung verfällt der Mensch immer mehr in einen geborgenen Kulturschlaf; das Abwesende wird abwesend gemacht. Aber die uralten Dauergefahren des Frühmenschen brechen sich nur zu oft in wüsten Bildern und abscheulichen Szenen wieder in den Schlaf des modernen, überreizten Menschen. Der Mensch als das träumende Tier...

Und dann schläft man wieder einmal unter freiem Himmel; wird wieder ganz der Nacht-Natur anteilig. Wer „vor Sorgen" nicht schlafen kann, fürchtet seine Verletzbarkeit von allen Seiten... Die Kühle, die Töne und Geräusche der Nacht, die schleichenden und krabbelnden Tiere und das Rauschen des Wassers... Alles muß wieder „gelernt" werden, um sich einigermaßen sicher zu fühlen.

So wie die Amme im Schlaf jederzeit auf das möglicherweise schreiende Kind lauscht, erleben wir in den ersten Strandnächten jede mögliche Gefahr als „Störung" – bis wir uns eingefügt haben in den Reigen der Nacht.

Und wenn wir den Tag mit der Nacht, das Außen mit dem Innen, das Vorhin mit dem Nachher in Einklang bringen oder gebracht haben, werden wir auch unterm freien Himmel wieder gut schlafen können...

Inseln sind anfangs und immer wieder wie Geliebte: Liebte man sie damals, weil man sie noch nicht kannte, so jetzt, weil man sie kennt. Jedes Detail ist eine Hymne wert. Einer Blume zuzuschauen, wie sie sich öffnen will, ist, wie wenn man des Anfangs des Lebens, des Beginns einer tiefen Liebe teilhaftig wird; alles wird ein Teil von mir.

So will ich Dich, Du Geschöpf meines Fühlens – nicht da und doch ganz gegenwärtig –, in den Duft der Insel, in das Licht des Himmels und das ewige Atmen des Meeres hinein verweben, um in dieser Ganzheit Heilheit und Heiligkeit zu erleben.

In dieser Ferne meine ich Deinen Gesang zu hören ... sehr fern, sehr leise ... ein Ahnen ... ein Sehnen ... Wenn Du mich nicht hören kannst, werde ich's dem Wind erzählen – er wird Dich finden...

An solch einer Blume begreife ich, daß es schöne Dinge gibt, die keinen Preis haben. In dieser großen Empfindung ist alles Schöne und alle Liebe im großen Einklang verbunden. In einer derartigen Situation scheint unser Leib wie ein großer Gong angeschlagen...

Mit einer Gruppe Gleichgesinnter in der frühen Nacht am Feuer einen Tag auf der Insel beenden... Fernab von den Schleifspuren verlorener Lebens- und Anerkennungskämpfe hier endlich zur Ruhe kommen.

Das Insel-Leben wird zum Spiel mit offenen Möglichkeiten: hier darf ich Lebenszusammenhänge leben, die Gegensätze zulassen, in denen sich Raum findet für das Werden und Vergehen, für das Regelhafte und das Unregelmäßige, für das Rasche und Langsame, für Gewißheit und Zufall...

Dort, wo Titel keine Rollen spielen, das Alter keine Bedeutung hat und das Loslassen zum Täglichen wird, sind Lebensentwürfe – zumindest auf Zeit – möglich, die Verschiedenes und Widersprüchliches zulassen.

Insel-Zeit ist Zeit der Wandlung und der Erneuerung. Im Wasser erneuert sich das Ich. Durch die Feuertaufe erledigt sich das Alte, erschließt sich uns das Neue. Und im ewigen Ein- und Ausatmen des Meeres, der Hyperventilation der Gebärenden ähnlich, liegt die Voraussetzung für alles neue Leben.

In der Trance des abendlichen gemeinsamen Strandfeuers verlassen wir zum Neuaufbruch unseren erdenschweren Körper; im Feuerschein fliegen hunderttausend verwirrte Sorgenfledermäuse davon; der neue Tag mag getrost kommen...

Wie in der Vorzeit: aus dem Geheimnisvollen, dem Mythischen erwuchs jene Kraft, die in der Ehrfurcht vor dem Leben alle Dinge, alle Möglichkeiten und Befürchtungen ins Dasein rief. Aus dem erkalteten Lavastrom wächst neues Leben.

Mythen. Lebensentstehungsgeschichten: von irgendwoher kamen Irgendwelche irgendwann hierher und schufen, was die Nachgeborenen „vergöttern".

Im Dunkel liegen die Wurzeln – und Wurzelnatur mit einem besonderen Gefühl für Einsamkeit wollte ich sein, ohne daß das Alleinsein bedeuten muß.

Ob ich mich hineinfallen lassen kann in die Geborgenheit der eigenen, inneren Autorität?

Immer tötet Feuer, und immer macht Feuer Leben möglich... Feuertaufe.

Wie wenig man auf einer Insel nötig hat, merkt man erst, wenn man die „Eingeborenen" erlebt. Das Anhäufen von Besitz und Wissen macht uns nicht glücklicher – und sind wir nicht zu oft mit unserem Glück eher am Ende als mit unserem Leben?

In der Beschränkung vieler Insulaner vermögen wir die Quelle ihrer fröhlichen Herzlichkeit vermuten. Wir glauben einen Vorsprung zu haben und möchten doch nur zu gerne umkehren. Langsamkeit im Genießen der Tage und Nächte löst die Eiligkeit der Geschäfte ab.

Ein Schattenplatz, ein kühles Getränk, ein liebenswerter Gesprächspartner – oder einfach nur Gewahrwerden, was um uns herum geschieht.

Glücksstunden. Es ist gute Vorsorge, in der Fülle für eine andere Zeit Farben, Wärme, Klänge und gute Eindrücke zu sammeln – ohne irgend etwas in Taschen stecken oder mit Apparaten „knipsen" zu wollen. Und schweigen. Unausgesprochenes trägt seine tiefe Weisheit in sich...

Schatz-Inseln. Farben- und Formenschätze. Artenreichtum und Lichtvielfalt. Stoffe, aus denen der Besucher seine Träume flicht; Schätze eines Welten-Vagabunden in einem Palast aus Phantasie und Fernweh.

Oft durchreisen wir erst die weiten Räume der Zeit, um beim Spiel zweier Vögel in den Mittelpunkt der Ruhe zu finden.

Dort, wo wir uns abwartend-beobachtend still verhalten, entfaltet sich die reiche Welt der Schatz-Insel. Lauschen und schauen, um mit der Aufmerksamkeit des Klugen und der Zurückhaltung des Vorsichtigen die Sprache des Exotischen zu enträtseln.

So erinnern uns die bunten Vögel an das Spiel des Lebens: Auch überm Dornengestrüpp die Schönheit, das Gute... Nicht aufgeben, sich niemals vom Leben betrogen fühlen.

Ein Schiff liegt im windstillen Mittag. Schlaffe Segel sind wie blinde Augen.

Wo ist das Leben? Ist es nicht woanders? Neugier ließ Menschen in die Ferne drängen. Jede Erkenntnis wird angestoßen von der Frage: „Wie ist es dort, wo ich jetzt nicht bin?"

In der räumlichen und zeitlichen Ewigkeit eines großen Mittags wird ein Mensch, dem die Weite des Meeres fernweh werden ließ, ein Schiff ersonnen haben... Des Meeres scheinbare Grenzenlosigkeit wird den Inselbewohner gezogen und gedrängt haben, das Unbekannte, Ferne nicht mehr als Unerreichbares anzuerkennen. Dieser Gedanke springt über auf viele, auf alle – und im ängstlichen Jubel werden die ersten mutigen Seefahrer entlassen...

Neue Welten tun sich auf. Die Raumlosigkeit, im Meer und Himmel als Ahnung erkannt, konkretisiert sich im Erleben des Suchenden: Ich und Welt verschmelzen im Gleichklang der Bewegung auf ein noch unklares Ziel.

Wer mit seinem Boot mutig die Nähe des sicheren Ufers verläßt, wagt sich hinein in das Spiel jenseits der bekannten Regeln – er stößt vor in diese Ewigkeit.

In einer Bucht träumen. Versunken sein ohne Sorgen, frei von Konflikten, das Gestern vergessen, von Morgen nichts wissend – einzig im Jetzt verweilen im vollen Glück und bei aller Gelassenheit.

Aber solche Gefilde der Seligen sind Ausnahmen. In der Wirklichkeit kann der Traum von der Insel durchaus belastend sein: Auf einer kahlen Insel einsam stranden zu müssen oder zurückgelassen zu werden macht Angst. Warum werde ich abgelehnt, ausgestoßen? Werde ich gerettet? Von wem? Wann? Was muß ich tun?
Welch klärender Schmerz!

Die Angst, das Paradies nicht zu erreichen oder zu behalten, lehrt uns, den Zustand, in dem wir uns befinden, als den nichtwünschenswerten zu begreifen.

Traumbuchten verdeutlichen uns, daß wir mit Gewinn aus dem Gleichmaß des alltäglichen Dahinlebens fliehen müssen, um ein gefühlsmäßiges Nirvana zu wissen. Eine Vision?

Verlierbare Idyllen verzehren in der Sorge um sie alle Ewigkeitsillusionen, alle Täuschungen, alle scheinbare Ruhe. So wird unsere Angst zur Quelle des entschiedenen Mutes, zu retten, was zu retten ist.

Unerschütterlichkeit und absolute Sicherheit machen lebensunfähig – Handlungen hätten keinen Sinn mehr, und kritisches Denken wäre überflüssig.

An der Flutkante im sinkenden Abendlicht gehen, sich umwenden, erleben, wie das Meer die Spuren, die Du zogst, wegleckt... Neue Fußspuren im feuchten Sand, tiefer Atem im Schreiten über Abermyriaden Sandkörner... Der erste Stern kommt zwischen den Wolken.

In der Hand halte ich die verlassenen, zerfallenen Häuser der Schnecken und Muscheln, Spiralen, Gewinde und filigrane Zeichnungen, glattgeschliffene Übergänge und ozeanische Weite in salzigem Geschmack.

Aus dem Zuschauer der sich stetig wandelnden Grenze von Land und Wasser, Licht und Dunkelheit ... werde ich Teilhaber am ewigen Entstehen und Verrinnen.

Das nun blasse Mondlicht vom Meer liegt auf der einsamen Gestalt, die Dir entgegenkommt – und Du spürst das Mondhafte in Dir: Das Licht, das Du auf andere Menschen wirfst, ist nur der Widerschein ihrer Helligkeit, ihres Glücks...

Und dieses Mondlicht zaubert auf fernen Schaumkronen feine Perlenketten.

Die Sinnlosigkeits-, Verkopfungs- und Langweiligkeitsneurose des modernen Menschen heilt man am besten durch die innere Bereicherung in der Begegnung mit einer lebendigen Insel.

Wann immer bei den emotional Unterernährten der Leib traurig geworden ist, sollten sie auf einer lichtdurchfluteten Insel ihr Bett in den Sonnenaufgang stellen und früh hinausgehen in die vor Lebenslust aufplatzende Natur eines Blütenbaumes.

Sie können sich die kleinen Schönheiten ansehen; ein herzliches Verhältnis zu dem entwickeln, was man nicht verstehen muß, sondern „nur" schön finden kann. Sich anrühren, anmuten lassen... Nur wenn man sich verbunden fühlt, kann man lieben. Wer liebt, kann nicht mehr in scheinbarer Souveränität gleichgültig sein; er wird immer für das Leben Partei ergreifen.

Es ist gut, wenn das Meer – wie das Leben – nicht nur seicht an Sandstränden spielt. Die Macht des ausatmenden Ozeans, die gischtende Flut an den trotzigen Felsen ist wie Protest.

Wie der Dichter sich, wenn die einverständnisheischende Ruhe und Harmonie zu verdächtig wird, auf seine Tugend, nämlich Ruhe-Störer zu sein, besinnt, zeigt uns die Brandung „das Andere". Und wächst nicht aus diesen Urkräften das eigentlich Großartige?

Dort, wo das tagtägliche Leben unerträglich zu werden droht, wo die Stürme an die Verzweiflung grenzen, wächst die Sehnsucht nach Liebe, dem Verstanden-Werden, dem Sich-öffnen-Wollen. Eine Brandungskante gleicht der Phase des „Verliebtseins": das Leben wird in der Zeit der Anfechtungen und Versuchungen intensiver und oft auch schmerzvoller erlebt. Elemente prallen aufeinander und suchen ihren Weg. Und dann ebbt der Sturm ab: aus dem Licht des Nachmittags wächst der Dunst der Dämmerung – und irgendwann kann Nacht und Ruhe werden, bevor das Spiel der Wellen und des Lichts neu im ewig gleichen Kreislauf beginnt...

Dieser Abendwind wirft manchmal den ganzen Tag durcheinander. Sturm-Möwen, wirre Vögel, stoßen empor und fallen wie Aschefetzen stürzend im Süd. Diese Gewitterstürme verjagen die unerträgliche Schwüle des langen Tages. Man fürchtet sich vor ihrer Macht – und weiß doch um ihre Wohltat.

Wie alte, unliebsame Erinnerungen kreisen abends die Meereskrähen voller Lärm um die kommende Zeit, bevor sie sich – meist erst in der Dunkelheit – auf ihre alten Felsenplätze zurückziehen.

Dann wird es nachten. Und endlich ist Stille. Wir lesen vielleicht noch ein paar Verse mit nur halb gesprochener Stimme. Übergang.

Wird im Morgengrauen eine Insel-Nachtigall die friedliche Ruhe der Nacht verletzen? Oder wird ihr Lied mit Jubel den neuen Tag eröffnen?

Vom ewigen, ruhenden Fels stürzt, sich stets verjüngend, das Wasser, und wer möchte nicht – nach längerer Wanderung – hier inne halten und den Geist der Quelle trinken...?

Eingeladen, am Ort der Uralten und des Geheiligten das zeitlos Ewige zu bestaunen, gerate ich leicht in stummes Entzücken. Hier ist der Ort der Träume – „nur wenn man etwas geträumt hat, kann man Glück und Erfolg haben", sagt ein altes Indianer-Wort.

Tief in uns sollten Quellen sprudeln ... das Wasser als Symbol des Chaotischen, des Unbewußten in uns ist der Ursprung aller Dinge: aus dem Gestaltlosen, dem dunklen Fels, dem Wasserfall, dem Flüchtigen und dem stillen See an seinem Fuß. Wie wenn Licht in Form des gewaltigen Geistes sich immer wieder in Materie wandelt ... immer wieder neu.

Und der Meditierende sitzt – ganz wach – an einem Ort voller Symbolik und heiliger Spiritualität, sich seiner inneren Stille, seiner Liebe nicht bewußt, denn er ist Stille und Ruhe.

Das Außen ist innen, das Innen ist außen...

Das einfache, schöne, schwere Leben der Ureinwohner wird zu rasch mit Lobeshymnen überzogen – was ahnen wir von den ewigen Einpassungen in die immer möglichen Widrigkeiten der Natur?

Dort, wo die Anpassung gelingt, wo Form und Funktion bewährt verflochten wurden, hebt sich nach jedem Niederwurf das Schilfrohr so, als wäre nichts geschehen. Im sanften Widerstand gelingt das Überleben, im Schutz des einfachen Hauses, hinter der Tür, die kein Geheimnis birgt. Unterm großen Baum, der Schutz und Schatten spendet, schläft die Familie – gestreichelt vom Duft der Erde.

Was sind dagegen trotzige Mauern in Großstädten? Was mehrfach gesicherte Schatzkammern in Palästen? Diebstahlssicherungen und Wegfahrsperren...? Es ist eine schwierige Lektion, das Beherrschen- und Besitzenwollen zugunsten der heiter-gelassenen Gastfreundschaft aufzugeben. Wer wenig besitzt, kann viel Freundlichkeit geben, muß wenig befürchten und darf manches erhoffen.

In der bescheidenen Stille einer Insel-Hütte werden wir andächtig und nachdenklich – so, als wären plötzlich neue Wertigkeiten in unser Leben getreten. Hier sind Dinge, ist das Leben wirklich noch einzigartig.

Das Abendhimmelspiegelbild badet die tiefen Wolken – und ab und zu bricht ein flüchtiger Wind zwischen den Bäumen in die friedliche Stimmung. Mehr geschieht nicht. Es ist mit das schwierigste Geschehen, auf solch einen Zustand nur einfach zu schauen: nichts benennen, nichts bewerten, nichts suchen, nichts wollen... Nur wirken lassen.

In der Gefühlstiefe wachsen uns unendliche Lebenskräfte zu. Immer dann, wenn wir „nur" empfinden, ohne das Bedürfnis nach Besitz, Begehren, Bezeichnen oder Verewigung entstehen zu lassen, wirkt dieses wunderbare Erleben weit in unsere Persönlichkeit hinein.

Wir müssen lernen, daß die erregendsten Augenblicke und das Entzücken in unserem Leben einmalig sind und bleiben. Der Wunsch nach Fortdauer und Wiederholung erzeugt Leid. Wo ich eine Doppelung will und an eine Schablone denke, regiert bereits die Furcht, sie nicht zu ermöglichen – mein geistig-seelischer Zustand ist völlig anders als beim „ersten Mal".

Der Abendhimmel auf einer weiten Wasserfläche ist einmalig, wie mein jetziger Zustand. Nur wenn ich nicht denkend, wollend suche, kann ich finden. Wie ich der Liebe nur begegnen kann, ohne sie zu suchen...
Das ist der Weg.

Der „moderne" Mensch wird sich seine künstlichen Inseln schaffen: Vergnügungsparks mit Kunststoffgewächsen und -krokodilen, Stoffpapageien und Synthetikdüften, mit Urwaldlauten und Orchideenpracht aus Plastik. Sonnenuntergänge am elektrisch illuminierten Wasserfall vor der Riesenleinwand. Virtuelles Zikadengezirpe und leicht sinkende Temperaturen führen zum Einnehmen des „sun downers"... Ein Schluck noch – bevor man sich dann nach dem „Abenteuer Insel und Urwald" wieder auf den Heimweg aus dem Familienerlebnis-Zentrum macht.

Die Künstlichkeit vor der Haustür wird bedingt umweltfreundlich und billig sein. Keine Mücken, nirgendwo giftige Schlangen, den „Cocos-drink" aus Konzentrat. Frei programmierbare Begleitmelodien über den drahtlosen Kopfhörer. Erholung im Stundentakt und Cyber-space.

Werden irgendwann die künstlichen Schmetterlinge für die „neue Generation" die „richtigen" sein? Und wird bald der unechte Kolibri per Mehrheitsabstimmung zum „echten" erklärt werden? Das wirkliche Leben wird weiterhin draußen – das künstliche wird im geschlossenen Raum sein. Ist das künstliche Paradies die einzige Möglichkeit, die wirklichen und letzten Paradiese zu retten?

Dann will ich schweigen – und keinem etwas von meiner Insel verraten.

In gleicher Ausstattung sind im
Franckh-Kosmos-Verlag, Stuttgart,
bisher erschienen:

Margot Bickel
Sehnsucht die verwandelt
Mit Fotografien von Anselm Spring.
ISBN 3-440-07037-9

Katzen: Freunde und Vagabunden
Mit einem Text von Helga von Brauchitsch und
Fotografien von Wendy Snowdon und Ole Hoyer.
ISBN 3-440-07038-7

Raum der Stille
Mit einem Text von Knud Eike Buchmann und
Fotografien von Toni und Marco Schneiders.
ISBN 3-440-07039-5

Die Erde braucht Freunde
Mit einem Text von Peter Baumann und
Fotografien von Erich Spiegelhalter.
ISBN 3-440-07040-9

Bruder Sonne – Schwester Mond
Mit einem Text von Volker Göhrum und
Fotografien von Anselm Spring.
ISBN 3-440-07139-1